CB033052

De: ....

Para: ....

Até nos Revermos no Céu

Dados Internacionais de Catalogação na Publicação (CIP)
(Câmara Brasileira do Livro, SP, Brasil)

Grün, Anselm
    Até nos revermos no céu / Anselm Grün / tradução de Edgar Orth. 7. ed. –
Petrópolis, RJ : Vozes, 2014.

    7ª reimpressão, 2023.

    ISBN 978-85-326-3045-2
    Título original : Bis Wir Uns Im Himmel Wiedersehen

    1. Céu – Cristianismo 2. Espiritualidade 3. Imortalidade
4. Morte – Ensino bíblico 5. Ressurreição 6. Vida futura I. Título.

04-4081   CDD-242.4

Índices para catálogo sistemático:

1. Luto : Meditações : Cristianismo
242.42. Morte : Meditações : Cristianismo   242.4

Anselm Grün

Até nos Revermos no Céu

Tradução de Edgar Orth

EDITORA
VOZES

Petrópolis

© 1997, Kreuz Verlag GmbH & Co. KG, Stuttgart, parte do grupo de editoras Dornier GmbH.Publicado pela primeira vez como BIS WIR UNS IM HIMMEL WIEDERSEHEN, na Alemanha, em 1997, por Kreuz Verlag GmbH & Co. KG, 70565 Stuttgart, parte do grupo de editoras Dornier GmbH.

Esta tradução de BIS WIR UNS IM HIMMEL WIEDERSEHEN, livro editado pela primeira vez em 1997, foi realizada a partir do original alemão e publicada mediante acordo com Kreuz Verlag GmbH & Co. KG, 70565 Stuttgart, parte do grupo de editoras Dornier GmbH.

Direitos de publicação em língua portuguesa:
2004, Editora Vozes Ltda.
Rua Frei Luís, 100
25689-900   Petrópolis, RJ
www.vozes.com.br
Brasil

Projeto gráfico de capa e miolo: Omar Santos

ISBN 978-85-326-3045-2 (Brasil)
ISBN 3-7831-1578-7 (Alemanha)

Este livro foi composto e impresso pela Editora Vozes Ltda.

$\mathcal{A}$ despedida da pessoa amada dói. Embora você repita mil vezes que seu fim era esperado, que teve morte tranquila, a dor da despedida é inevitável. É preciso suportá-la e sofrê-la até a exaustão. Você não pode mais falar com quem partiu, como tantas vezes o fez. Não pode mais olhar em seus olhos. Não pode mais abraçá-lo, sentir o calor de sua pele. Ele não estará presente, quando você sentir a solidão, quando você procurar um apoio. Não entrará mais em seu quarto para vir a seu encontro. O quarto em que ele morava está vazio.

Muita coisa unia você à pessoa querida. Em alguma coisa vocês cresceram como xifópagos. Agora ela foi arrebatada, arrancada de você, como se lhe tirassem um pedaço da vida, um pedaço do coração.

2010

*P*or causa da morte de um ente querido, muitos enlutados têm a sensação de haver perdido o chão debaixo dos pés. Tudo é instável. Estão presos na lama de seu luto, num mar de lágrimas. O salmista exprime esta experiência:

> *Salva-me, ó Deus!*
> *A água chega-me até a garganta;*
> *afundo-me no lamaçal e não posso firmar o pé;*
> *estou submergido em água profunda, e a correnteza*
> *me arrasta. Estou esgotado de gritar,*
> *tenho a garganta rouca;*
> *meus olhos se anuviam de tanto aguardar o meu*
> *Deus (Sl 69,2-4).*

Alguns têm medo do atoleiro de sua própria tristeza. Procuram mostrar segurança, ocupando-se com o imediato; organizam o enterro e ficam absorvidos nos aspectos comerciais. Mas, terminado o sepultamento, caem em buraco sem fundo. Quando voltam ao dia a dia, acomete-os tristeza abissal. Alguns procuram tirar a tristeza do caminho. Outros se fecham a ela porque se sentem ameaçados por ela. Mas, se a tristeza for reprimida, será como lama sob o chão aparentemente sólido das realidades externas que, algum dia, arrastará consigo a terra firme.

Mesmo que isto o amedronte, enfrente o insondável de sua dor. Mesmo que as lágrimas não sequem, mesmo que não sinta chão sob seus pés, o mais fundo que cairá será na mão de Deus. Seguro nas mãos amorosas de Deus, você pode entregar-se confiante às suas lágrimas. Nelas não se afogará.

*D*ê tempo a seu luto. Não há norma de quantas semanas deve durar. O luto pode transformar a dor, pode transformar até você mesmo. Pode levá-lo ao seu interior mais profundo e mostrar-lhe o que em você anseia por se desenvolver e desabrochar. Mas enquanto você estiver no processo do luto, a dor não para. Ela sobe à tona e pergunta: "Por que teve de acontecer assim? Por que justamente esta morte? Como pôde Deus permitir isto? Por que fez isto comigo?"

Não se admire que no seu luto se misturem sentimentos de raiva e revolta: "Por que ele(a) me abandonou? Sabia que era difícil para mim levar a vida sozinho(a). Agora preciso defender-me só. Estou sozinho(a) com os nossos filhos. Devo tomar sozinho(a) as decisões. Precisava tanto dele(a)".

Não se assuste por causa de seus sentimentos. No luto você precisa esclarecer mais uma vez seu relacionamento com a pessoa falecida. Vai aparecer também alguma coisa que não era ideal. Deixe que aconteça! Então o relacionamento pode adquirir

nova base. Deixe que se manifeste o desespero que às vezes sobrevém. Desabafe! Fale dele às pessoas mais próximas, leve-o a Deus em suas orações. Apresente a Deus seu coração ferido, para que na proximidade amorosa de Deus possa ser curado.

$\mathcal{D}$urante o luto sua oração será muitas vezes pura lamentação. Você não conseguirá dizer como Jó:

> *O Senhor deu, o Senhor tirou, bendito seja o nome do Senhor (Jó 1,21).*

> *Mas dirá, seguindo o mesmo Jó, em tom queixoso: Os meus dias passaram;*
> *fracassaram os meus projetos e os desejos do meu coração.*
> *Transformam a noite em dia;*
> *dizem que a luz está perto,*
> *quando já estão chegando as trevas.*
> *Não espero mais nada (Jó 17,11-13).*

Nós riscamos, hoje em dia, a queixa de nossas orações. Achamos que devemos conformar-nos imediatamente à vontade de Deus, quando um ente querido nos é arrebatado. Não é bem assim. Deus mesmo dá razão a Jó em suas queixas. Nós podemos reclamar diante de Deus: "Por que fizeste isto comigo? Que sentido tem isto? Não me esforcei dia após dia para fazer a tua vontade? E agora acontece isto!" Tenha coragem para fazer estas queixas, mesmo que sua formação religiosa não goste delas.

E se não encontrar palavras para suas queixas, pode usar as do salmista:

A Deus eu clamo e grito,

a Deus eu clamo para que me ouça.

Agora estou na angústia, procuro o Senhor.

De noite estendo as mãos sem descanso,

e minha alma recusa consolar-se.

Se me lembro de Deus, gemo;

se medito, meu espírito desfalece (Sl 77,2-4).

$\mathcal{P}$erguntas surgem: Será que ficou muita coisa para resolver? Deveria ter procedido de forma diferente com ele(a)? Será que o(a) ofendi? Será que vivi a seu lado sem, no entanto, conviver? Desperdicei muita coisa? Por que não me aproximei mais uma vez dele(a)?

Se tais perguntas contundentes surgirem, deixe-as aflorar. Mas não queira jamais se desculpar. Pois, se tentar desculpar-se, terá de encontrar sempre novos motivos para provar sua inocência e que sempre agiu corretamente.

Mas também evite culpar-se, recriminar-se, carregar-se com sentimentos de culpa. Apresente sua culpa a Deus e confie em seu perdão. Se acha que isto pode servir de alívio, então fale na confissão de seus sentimentos de culpa, fale de tudo o que acha que ficou devendo à pessoa falecida. E quando o sacerdote pronunciar o perdão de Deus, então perdoe-se também a si mesmo(a). Não pense mais que deveria ter agido de outra forma. Deixe estar! Você pode ter certeza de que Deus lhe concedeu o perdão. E pode confiar também que a pessoa falecida já lhe perdoou tudo há muito tempo. Ela agora está em Deus, e em Deus está na paz. Nada mais a aflige, nenhuma ofensa que você lhe tenha feito. Em Deus a pessoa falecida atingiu sua plenitude. Em Deus ela vê a verdade de sua vida e a razão de você ter agido daquela forma. Ela gostaria de partilhar com você a paz de que está usufruindo.

As gerações passadas criaram rituais para o período de luto a fim de expressar sua tristeza, mas também de encontrar no luto novas alegrias da vida. Hoje teríamos dificuldade com esses rituais. Mas talvez você possa criar rituais que lhe façam bem em seu luto. Poderia ser um ritual de despedida, de reconciliação ou de perdão. Você poderia escrever em algumas folhas os encontros e vivências com a pessoa falecida que lhe despertam lembranças agradáveis, o que lhe desperta sentimentos de culpa, o que lhe trouxe aborrecimentos, onde você a ofendeu e onde ela ofendeu você, o que você gostaria de dizer a ela hoje. Pode escrever as vivências que teve com ela e pelas quais quer agradecer a Deus. Depois de tudo escrito, você pode resolver o que fazer com as folhas. Pode guardá-las no oratório de sua casa, onde costuma fazer sua meditação. Ali a oração transformará tudo o que você escreveu. Também pode queimar as folhas e comemorar a despedida de tudo o que passou. Em seguida, pode fazer uma oração, pedindo a Deus o esquecimento do passado e a abertura para aquilo que Deus lhe quer comunicar através da pessoa falecida, agradecendo ainda a Deus tudo o que lhe concedeu por meio dela.

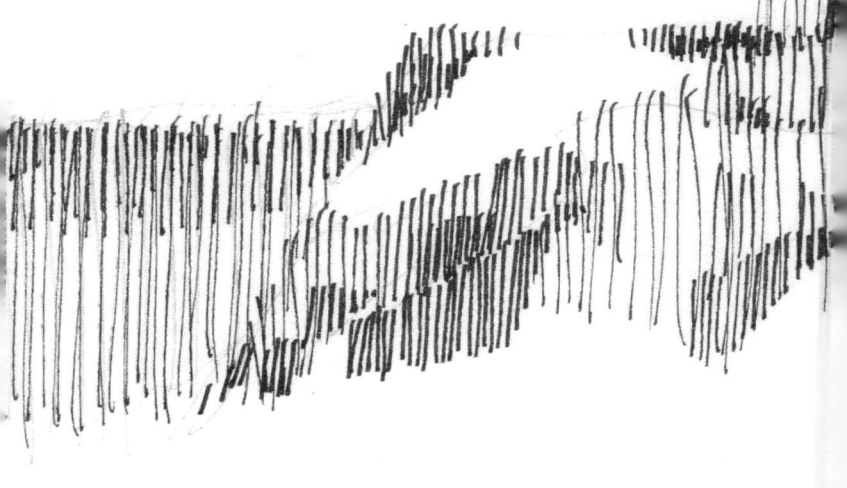

19

$\mathcal{A}$ mãe de uma garota, que havia falecido num desastre de carro, torturava-se com a ideia de que sua filha ultimamente não frequentava a igreja. Atormentavam-na imaginações sobre o julgamento de Deus e sobre a possibilidade de ela haver sido condenada. Censurava-se por ter procedido mal na educação religiosa da filha. Se tais pensamentos tirarem sua paz de espírito, você precisa confiar no fato de que a pessoa falecida morreu em Deus. Mesmo que você não tenha ouvido palavras de fé na hora de sua morte, mesmo que aparentemente a pessoa tenha sucumbido na descrença, na morte os olhos dela se abriram. Nesta hora encontrou-se com o Deus da verdade. Nesta hora brilhou para ela com toda nitidez o amor de Deus. Você precisa confiar que ela se entregou ao amor onipotente de Deus. No encontro com o Deus amoroso foi purificado tudo o que era imperfeito, aquilo a que a pessoa se aferrava e aquilo que a fazia fechar-se em si mesma. Confie nas palavras que São João nos legou:

Se nosso coração nos acusa,

maior do que o coração é Deus, que sabe tudo

(1Jo 3,20).

O coração de Deus está aberto a todo ser humano. Sua misericórdia é maior que nossa culpa. Ele a oferece a todos e a cada um. Se a dúvida afligir, entregue a Deus na oração a pessoa falecida. Ele a tomará em seus braços amorosos.

$\mathcal{N}$o luto ninguém gosta muito de relembrar o passado. Mas, ainda que doa, compartilhe suas lembranças com aqueles que conheceram a pessoa falecida. Conte onde e como nasceu em você o segredo da pessoa amada. Quais eram suas palavras e gestos inconfundíveis? Quais foram suas vivências com ela? Qual a coisa que ela mais desejava? Qual foi a causa pela qual lutou apaixonadamente? O que a fazia sofrer? O que lhe causava alegria e como manifestava sua alegria? O que gostava de fazer, e o que em sua casa traz sua assinatura ou marca?

Não tenha medo das lágrimas que brotarão junto com algumas lembranças. São sinais de seu amor. Somente quando você falar da pessoa falecida é que ela pode estar presente no meio de vocês, só então pode nascer um senso de comunhão em torno dela, só então pode ela transmitir a vocês a mensagem que desejava dar com sua vida. Logo você perceberá que também aos outros fará bem ouvir suas recordações e falar da pessoa falecida. Talvez você esteja ouvindo algumas coisas pela primeira vez e possa conhecer melhor quem viveu tanto tempo a seu lado. E talvez você, ao falar, reconheça o tesouro que Deus lhe havia concedido.

Quando você pensar na pessoa falecida não fique apenas em lembranças isoladas. Pergunte-se o que ela queria transmitir exatamente com sua vida, qual a mensagem que ela gostaria de lhe deixar. O que foi que a caracterizou? Qual era sua verdadeira natureza, escondida sob a camada protetora que se formou sobre suas feridas? O que ela sempre lhe quis dizer, mas não conseguiu porque lhe faltaram as palavras ou porque a situação não o permitiu? Qual foi o rasto que deixou neste mundo?

Imagine que a pessoa querida que partiu está agora em Deus e encontrou sua verdadeira natureza. Ali está a imagem original que Deus havia feito dela, resplendente em todo seu ser. Caíram todas as máscaras que haviam dissimulado sua imagem. Tornou-se plenamente ela mesma. Passe então a escutar em seu íntimo quais imagens ali se formam. Como poderia ser sua face original? Quais associações nascem em você? Pergunte à pessoa falecida o que ela gostaria de lhe dizer, qual a mensagem que lhe quer transmitir, que é certamente a palavra que Deus queria e quer dizer-lhe através dela.

$\mathcal{U}$ m modo de preencher com sentido o seu luto é a oração pela pessoa falecida. Você pode rezar para que no encontro com Deus ela se entregue totalmente nas mãos dele e se deixe assim absorver pelo amor e misericórdia divinos, a fim de mergulhar em Deus e experimentar sua glória.

Sua oração não deve vir marcada pelo medo. Não se deve temer que Deus julgue o falecido como um contador. Deus lhe oferece seu amor. E se ele o aceitar, está salvo, está no céu. A oração que você faz é o último tributo de amor ao ente querido que partiu, é uma prece para que sua morte frutifique, pois ela não termina com aquilo que você observou quando ele fechou os olhos pela derradeira vez.

Sua oração deve ser também de agradecimento. Agradecimento pelo fato de Deus lhe haver presenteado esta pessoa, pelo fato de você ter convivido com ela, crescido e amadurecido ao lado dela. Você experimentará uma nova forma de comunhão com a pessoa falecida. Ela está agora em Deus ao qual você reza. Quando você sente a proximidade de Deus na oração, pode pressentir junto com Deus também a proximidade do ser amado que faleceu. Toda vez que você participar com a comunidade eclesial de uma celebração litúrgica, pode estar certo(a) de que está participando da liturgia celeste, do cântico de louvor que todas as pessoas amadas que já faleceram cantam no céu sem cessar.

Você pode não só rezar pela pessoa falecida, mas também rezar a ela. Se é lícito rezar aos santos e solicitar-lhes que intercedam por nós a Deus, então é lícito fazê-lo também às pessoas falecidas, pois cremos que elas estão em Deus, que foram curadas e santificadas para todo o sempre. Peça na oração à pessoa falecida que acompanhe você em sua caminhada, que proteja você de passos em falso, que diga a você o que na vida tem real importância. Você pode pedir também que ela apareça em sonhos e lhe deixe uma mensagem. Você pode confiar que as pessoas falecidas não desapareceram simplesmente. Elas estão em Deus e, estando em Deus, estão conosco.

A finalidade do luto é estabelecer um novo relacionamento com a pessoa que faleceu. Orar pelos falecidos é expressão concreta desse novo relacionamento. Na oração nós sentimos a pessoa falecida como uma companhia interior. Se você reza a ela, você vive mais conscientemente. Perceberá que o relacionamento com ela não foi rompido, mas elevado a outro nível. Reze a ela, e ela trilhará em Deus todos os caminhos junto com você.

$\mathcal{A}$s feridas da separação lembram diariamente que agora você só pode contar consigo mesmo(a) e que precisa desenvolver sua própria pessoa. Despedida como distanciamento, separação, afastamento, ausência leva você a sentir melhor quem realmente é e qual a sua individualidade mais profunda. Não dá para reter a pessoa falecida. No luto trata-se de um processo de despedida. O objetivo de seu luto é um novo relacionamento com a pessoa falecida, um relacionamento que não prende, mas liberta, e que pode aceitar com gratidão o acompanhamento dela a partir do céu.

Mas o objetivo é também encontrar dentro de você aconchego, segurança, amparo e estabilidade. Dentro de você existe uma fonte de amor, de vida e de força. Dentro de você está a fonte do Espírito Santo. Você não deve ficar se lamentando o tempo todo que a pessoa amada lhe foi tirada. Assim você estaria dizendo que não sabe viver sozinho(a). Estaria entregando os pontos. Mas, dentro de você está a fonte da vida divina que nunca seca. Durante o luto você precisa descobrir dentro de si esta fonte do Espírito Santo. Nela você pode sempre se abastecer. Nesta fonte do Espírito Santo, na fonte do amor de Deus, você sente também o amor da pessoa falecida. Também desta fonte você pode beber sempre de novo.

Dentro de você também há um espaço no qual mora o próprio Deus. Ali você pode experimentar aconchego e segurança. Onde Deus, o mistério, mora em você, ali você estará seguramente em casa.

Quando Jesus soube que devia morrer, deixou a seus discípulos como despedida estas palavras consoladoras:

"Eu vou preparar-vos um lugar. Quando tiver ido e tiver preparado um lugar para vós, voltarei novamente e vos levarei comigo para que, onde eu estiver, estejais também vós" (Jo 14,2c-3).

Jesus Cristo já mora em nosso coração. A morada que preparou para si em nosso íntimo não será destruída pela morte, mas transformada no lugar eterno que nos preparou junto ao Pai.

O que acreditamos de Jesus podemos dizer também das pessoas amadas que nos precedem na morte. Também elas nos preparam um lugar junto de Deus. Quando morre um ente querido, leva para Deus tudo o que com ele partilhamos: as conversas, o amor, as experiências de nossa vida em comum. Com essas experiências leva um pedaço de nós para junto de Deus. Uma parte de nós já está, portanto, em Deus com a pessoa falecida. Quando morrermos, não iremos para um lugar totalmente estranho, mas para a morada que Cristo e as

pessoas que nos precederam na morte nos pre-
pararam. Lá fixaremos morada para sempre e es-
taremos em casa por toda a eternidade.

*H*á um ritual que sempre faço quando morre um confrade de nossa comunidade monacal: ouço a ária do Messias de Händel. Com a música soam as palavras de Jó:

> *"Sei que meu Redentor está vivo e que, no fim, se levantará sobre o pó e, através de minha pele retalhada, na minha carne, verei a Deus" (Jó 19,25-26).*

Talvez você também tenha seus rituais de luto. Alguém gosta, por exemplo, de percorrer o caminho que andou muitas vezes com a pessoa falecida. Outro(a) gosta de ouvir a música que ela amava. E, ouvindo-a, sente-se em íntima comunhão com a pessoa. Esses rituais não visam prender a pessoa falecida, mas exprimir o luto de tal forma que leve a um novo relacionamento. Para mim a música é uma janela para o céu. Eu me abandono nela e imagino que ela soe em Deus de um modo novo e inaudito. Este meu escutar me une assim às pessoas falecidas que no céu ouvem a palavra de Deus não só com os ouvidos, mas com todo o seu ser, e para elas este escutar é a glória da bem-aventurança.

Selecione a música preferida da pessoa falecida, ouça-a com total abandono e deixe que ela o(a) conduza a Deus, que a pessoa falecida contempla agora com os olhos desvendados.

$\mathcal{E}$ scutei de pessoas à beira da morte o seguinte: "Vamos rever-nos na eternidade". Estavam convencidas de que sua morte era uma passagem para a glória de Deus e que lá reencontrariam as pessoas que lhes haviam sido caras aqui na terra. Relatos sobre vivências logo após a morte confirmam a crença de que aquelas pessoas que nos esperam junto a Deus são exatamente aquelas que estão mais próximas de nós aqui. Talvez você duvide de que vá reencontrar as pessoas falecidas. Talvez você pense que foi apenas uma frase de efeito para servir de consolo ou para tornar mais suportável a despedida última. Tente confiar no anseio de seu coração. Ele é endossado pela fé de muitos cristãos. E é confirmado pelas palavras que Jesus disse na cruz ao criminoso à sua direita:

"Eu te asseguro: ainda hoje estarás comigo no paraíso" (Lc 23,43).

O amor que você deu e recebeu aqui na terra não morre jamais. O filósofo francês Gabriel Marcel disse: "Amar significa dizer à outra pessoa: você não morrerá". A pessoa que você amou aqui na terra, você também vai amar na eternidade em Deus, só que de maneira nova e incompreensível. Será um amor sem mal-entendidos, sem ciúmes, um amor puro que se alegrará com a existência da outra pessoa, um amor sem limite de tempo e sem limite do próprio corpo, um amor divino que se funde ao mesmo tempo na pessoa amada e em Deus.

Muitos dos nossos cantos religiosos trazem como tema a nostalgia do céu. Diante da morte de pessoa querida, alguns cantos soam como convite para passar por cima desta vida com seu luto e despedida, com sua solidão e miséria e se voltar para a eternidade, até que também nós estejamos em Deus. Dessa maneira você não deve fugir da aflição que lhe trouxe a morte da pessoa querida. Seria fuga das obrigações que a vida lhe coloca hoje. Você tem hoje uma tarefa importante. Deus quer tornar visível hoje, através de você, um pouco de seu amor e de sua misericórdia. E se você entender corretamente a nostalgia dos primeiros cristãos pela vinda do Senhor, então ela pode libertá-lo(a) da fixação nas coisas momentâneas e passageiras. Com sua nostalgia do céu você paira livre sobre o mundo. Não está preso(a) às necessidades que hoje o(a) oprimem. Estas necessidades são reais. Não se pode fechar os olhos diante delas. Mas elas não são tudo. Há algo em você que vai além, que já está no céu.

"Nós somos cidadãos do céu.

De lá esperamos o Salvador e Senhor Jesus Cris-
to, que transformará nosso mísero corpo tornan-
do-o semelhante ao seu corpo glorioso" (Fl 3,
20s.).

A fé nisso vai libertar você da carga deste mundo
e dar-lhe a liberdade divina da eternidade.

*N*os dias do luto você perceberá que as pessoas de seu relacionamento próximo muitas vezes se retraem. Ficam indecisas. Não sabem como reagir em sua presença. Têm receio de falar com você sobre a pessoa que faleceu. Talvez tenham medo de suas lágrimas, de sua dor, de seu luto. Mas não se deixe condicionar pelo medo delas! Mesmo que lhe custe, vá até elas. Conte a elas o que você está sentindo. Mostre-se corajosa em seu luto! Talvez fiquem contentes por poderem conversar com você. Tiveram receio de não encontrar as palavras certas. Não foi má vontade, mas incapacidade e temor, angústia e insegurança. Talvez seu luto atual lhes lembre o luto que elas mesmas carregaram algum dia, mas que reprimiram, e que agora deseja vir à tona. Ou sentem que deveriam familiarizar-se com a ideia de sua própria morte. Mas têm medo disso. Preferem fechar os olhos. Mostre-lhes que devem enfrentar com confiança a ideia da própria morte. Sua vida será mais autêntica e consciente só quando a viverem na perspectiva de sua própria morte. Tudo o mais é fuga da morte e, em última análise, fuga da vida.

O luto pela perda do ente querido coloca você em contato com todo tipo de luto que já se manifestou em sua vida, mas que você não teve tempo ou força de encarar. Talvez aflore em você o luto de haver sofrido abandono quando criança, ao chorar em seu berço. Talvez o seu luto lhe recorde situações em que você saiu ferido e a sacrossanta imagem de seus pais se quebrou definitivamente. Talvez se lembre do fracasso de uma amizade ou de uma parceria. Naquela época você nem podia enfrentar a dor do fracasso, porque ela o(a) teria esmagado. Mas agora ela está de volta. E você tem medo de que seu luto não tenha fim, de que suas lágrimas não parem de correr. Por isso você gostaria de retê-las também agora. Mas assim você impede que seu luto se transforme e que possa desabrochar em você vida nova. Quanto mais reprimir a manifestação de pesar e tristeza, mais você se separa da vida. Permita que o pesar do luto se manifeste. Ele terá fim, ele se transformará, ele o conduzirá a uma nova alegria de viver. Entregue-se ao ritmo de seu pesar e não queira superá-lo antes que sua alma se dê por satisfeita. Mas, em seu luto, confie também nas palavras da Escritura:

"Enxugará as lágrimas de seus olhos e a morte já não existirá; não haverá luto, nem pranto, nem fadiga, porque tudo isso já passou" (Ap 21,4).

Você já sonhou com a pessoa falecida? Se não, peça a Deus que faça com que você a encontre no sonho. Muitas vezes tais sonhos são valiosa ajuda para esclarecer nosso relacionamento com ela. Contou-me certa vez uma senhora que seu pai lhe apareceu muito triste no sonho; queria dizer alguma coisa, mas seus lábios não conseguiam articular palavra nenhuma. O sonho foi um convite para rever seu relacionamento com o pai, prestar atenção a tudo que ainda não fora dito entre ambos e começar um diálogo novo com o pai.

Às vezes os sonhos nos mostram que a pessoa falecida está bem. Ela nos aparece então cercada de luz, ou a encontramos como pessoa saudável e sorridente. Estes sonhos nos dão a certeza de que a pessoa falecida chegou a Deus, de que está em paz. Eles podem transformar nosso luto e nos encher de confiança e esperança. Às vezes a pessoa falecida nos diz uma palavra. Tais palavras são sempre muito preciosas. São muitas vezes como um testamento. Mostram-nos o caminho de nosso futuro. Nelas a pessoa falecida resume aquilo que sempre nos quis dizer. E nelas descobrimos uma mensagem bem pessoal para nós. Conheço algumas pessoas que fizeram dessas palavras um valioso companheiro de jornada; tomaram essas palavras como augúrio de êxito na vida.

Desejo que você possa ouvir em seu sonho palavras da pessoa falecida que lhe mostrem o caminho que você deve trilhar atualmente, que lhe deem a certeza de que tudo está bem e de que Deus abençoa o seu caminho.

Quando você no luto se despede do ente querido que partiu desta vida, talvez não sinta apenas a dor da separação, de não poder mais conversar com ele ou de que agora está sozinho(a). Talvez se manifeste em você também a dor daquilo que você não vivenciou no relacionamento com ele, porque você esqueceu seus sonhos de amor para com ele nos afazeres do dia a dia. Estar de luto significa sempre também: despedir-se da vida que não foi vivida. Há muitas pessoas que viveram sem empatia não só com a pessoa falecida, mas também consigo mesmas. A despedida vai lembrar-lhe tudo o que você não viveu em sua vida. Dói constatar que você já enterrou há anos muitos dos seus sonhos de uma vida realizada. Quantos sonhos não se despedaçaram na realidade dura de sua vida! Você não pôde realizar nenhum, por mais que tentasse! A despedida do ente querido convida-o(a) a despedir-se conscientemente também de tudo aquilo que você não viveu. A despedida é dolorosa, mas é a condição prévia de que nova vida possa desabrochar em você, de que possa olhar com confiança para o futuro e de que possa ousar novos sonhos de uma

vida que corresponda a você e à sua individualidade e que realize o sonho que Deus teve a seu res-
peito.

$\mathcal{Q}$uando você pensa na pessoa falecida com a qual viveu tantos anos, suas lembranças não devem voltar-se apenas para o passado. Pergunte-lhe também o que ela gostaria de dizer-lhe hoje. Ela gostaria de indicar-lhe o que realmente importa em sua vida.

Ela gostaria também de convidá-lo(a) a integrar sua própria morte em sua vida. Pensar em sua própria morte não deve amargurar sua vida, mas ajudá-lo(a) a levar uma vida mais consciente e desperta. A morte vai fortificar sua vida. Ela vai mostrar-lhe que todo instante de nossa vida é um presente. Quando você vive intensamente cada momento, quando você desenvolve uma percepção de que não é algo natural e evidente você estar aqui agora, respirar, ter sentimentos, sentir a vida, então sua vida começa a ter outro gosto. Sua vida fica mais plena. Você olhará as pessoas ao seu redor com outros olhos. Cada encontro com o outro será um mistério. Você encontra uma pessoa única e singular e, nela, o próprio Cristo. E no encontro com o outro você pode comunicar algo que só pode ser expresso através de você. A pessoa falecida

gostaria de ensinar-lhe a "reaprender devagari-
nho a vida", a viver consciente e intensamente,
sabendo com clareza o que de fato importa em
sua vida.

Você vai sentir com maior impacto que a despedida da pessoa querida é definitiva quando for arrumar o quarto dela, quando tiver de decidir o que fazer com a roupa, com os muitos objetos que reuniu durante esses anos todos, objetos que lhe trazem à lembrança as vivências em comum. Muitos procuram adiar ao máximo esta despedida definitiva. É doloroso demais desfazer-se de tudo aquilo que a pessoa falecida tanto amava. É bom que conserve algumas lembranças. Mas não se pode fazer um museu de tudo aquilo que a pessoa falecida deixou. Caso contrário, em vez de viver, você haveria de tornar-se guarda de museu pelo resto da vida. Isto, certamente, não era intenção da pessoa falecida. Mesmo que você acredite que a encontrará novamente no céu, a despedida aqui na terra é definitiva. Você não consegue fazer com que a pessoa falecida volte à vida. Você não pode continuar vivendo no passado. A despedida vai abrir-lhe os olhos para que você aceite o desafio do momento atual e viva sua própria vida. E vai torná-lo(a) sensível ao que a pessoa falecida hoje lhe confia e às tarefas que lhe coloca. Você viverá conforme o desejo dela, se tiver a coragem de ser você mesmo(a).

C onheço uma pessoa de fé que se convenceu de que como cristão não pode ficar de luto porque sabe que a pessoa falecida está em Deus.

"Irmãos, não queremos que ignoreis coisa alguma sobre os mortos, para não vos entristecerdes como as outras pessoas que não têm esperança" (1Ts 4,13).

Talvez você também entenda esta palavra de São Paulo aos cristãos de Tessalônica como proibição de chorar pelos mortos. Mas não é este o sentido. O próprio Jesus nos deu outro exemplo. Ele chorou na sepultura de Lázaro. Ele derramou lágrimas de tristeza, mesmo sabendo que haveria de ressuscitá-lo. A certeza que temos da vida eterna de que goza a pessoa falecida não nos protege contra a dor da perda do ente querido. A dor da despedida tem seu direito. E você não precisa acusar-se de nada se, apesar de sua fé profunda, estiver tomado(a) de tristeza, se as lágrimas não quiserem parar de cair.

A certeza da ressurreição não vai libertá-lo(a) da dor, mas tira da dor sua falta de sentido. E assim a dor fica suportável. Para Paulo, a certeza de que

pela morte chegamos a Deus e nele permanece-
mos eternamente é um consolo no sofrimento. Ele
não proíbe o luto, mas no s exorta:

> *"Consolai-vos, pois, uns aos outros com estas*
> *palavras" (1 Ts 4,18).*

O latim diz: consolamini (cum + solus = com +
sozinho). Una-se àquele que está sozinho em seu
luto. Compartilhe seu luto. Ele então se transformará.

"Quando a mulher está para dar à luz, fica triste porque chegou sua hora.

Mas, depois que nasceu a criança, já não se lembra da aflição, pela alegria que sente de ter vindo ao mundo um ser humano. Assim também vós estais tristes agora, mas eu vos verei de novo.

Então o vosso coração se alegrará e ninguém poderá tirar-vos a alegria" (Jo 16,21-22).

Jesus compara sua própria morte com o nascimento de um ser humano. A morte traz consigo dor e tristeza, como o parto. Mas, quando aconteceu o nascimento, toma conta a alegria que ninguém pode tirar. O processo da tristeza, à semelhança do nascimento, é nova vida em você. Ele é cheio de dores e angústias. Muitas vezes é escuro como o canal do nascimento. Parece que nos sufoca. É apertado e cheio de aflição. Mas, quando o atravessamos, nosso coração se alarga e vemos a nova luz que nos ilumina. Sentimo-nos livres e como que renascidos. Faço votos que você atravesse o seu luto com confiança, que assuma o fardo da dor, ciente de que nova vida o(a) espera, de que, através do luto, você renascerá para tornar-se aquele que você realmente é, ou seja, a imagem única que Deus fez de si mesmo em você.

$\mathcal{M}$ aria Madalena nos mostra o que significa luto. Dela Jesus havia expulsado sete demônios. Ela experimentou vida nova em Jesus. Descobriu seu próprio valor. Após a morte de Jesus, toda sua esperança desmoronou. Morreu lamentavelmente na cruz aquele em quem havia posto toda sua confiança. "Bem de madrugada, quando ainda estava escuro" (Jo 20,1), pôs-se a caminho para procurar aquele a quem amava seu coração (cf. Ct 3,1). Mas o sepulcro estava vazio. Ficou inconsolável porque nem mesmo encontrou o cadáver de seu amado. Ficou parada perto do sepulcro e chorou. Três vezes repete as mesmas palavras:

"Tiraram o Senhor do sepulcro, e não sei onde o puseram" (Jo 20,2.13.15).

Mesmo quando encontra Jesus, ela não o reconhece e repete sua queixa dolorida. Só quando Jesus a chama "Maria", abrem-se-lhe os olhos e ela exclama cheia de saudade "Rabuni". Agora seu luto se transforma, e ela reconhece que aquele a quem sua alma ama vive, que ele venceu a morte. Mas não pode retê-lo. O ressuscitado a envia aos discípulos para dar-lhes a notícia da ressurreição.

Em seu luto procure meditar o encontro de Madalena com o Ressuscitado. Chore com ela, mas confie também que suas lágrimas se transformarão, que você encontrará o Ressuscitado como Maria Madalena e que brotará um novo amor por aquele que seu coração ama. Por meio do luto você vai encontrá-lo de modo novo como aquele que vive para sempre em Deus. E você conhecerá a missão para a qual Cristo o(a) chamou.

*T*alvez você se recrimine pelo fato de seu luto perdurar até agora. Não consegue se desvencilhar dele. Você acha que depois de tantas semanas ele deveria ter-se modificado. Mas não há norma para a duração do luto. A tristeza no luto sempre volta à tona. Mas, aos poucos, ela se transforma. Ela se tornará sua companheira interior, que fará você penetrar profundamente em você mesmo(a). Ela vai impedi-lo(a) de contentar-se com o superficial. Ela vai lembrá-lo(a) de que você só poderá viver plenamente tendo diante dos olhos a morte, de que a morte da pessoa amada lhe deu nova maneira de ver-se a si mesmo(a), para descobrir as fontes da vida que borbulham em você. Talvez ajudem as palavras do Profeta Isaías:

"Sentinela, como está a noite?"

A sentinela responde:

"A manhã está chegando e também a noite"
(Is 21,11s.).

Você não sabe quanto ainda vai durar a noite de seu luto. Mas sabe que outra manhã vai raiar. De noite, o tempo parece interminável. Mas, quando a manhã chegar, sua tristeza se converterá em alegria. De repente descobrirá em seu coração nova luz, uma luz que não poderá ser dissipada de seu coração nem mesmo pela escuridão da noite.

Conecte-se conosco:

f facebook.com/editoravozes

◉ @editoravozes

🐦 @editora_vozes

▶ youtube.com/editoravozes

◐ +55 24 2233-9033

www.vozes.com.br

Conheça nossas lojas:

www.livrariavozes.com.br

Belo Horizonte – Brasília – Campinas – Cuiabá – Curitiba
Fortaleza – Juiz de Fora – Petrópolis – Recife – São Paulo

  *Vozes de Bolso*

EDITORA VOZES LTDA.
Rua Frei Luís, 100 – Centro – Cep 25689-900 – Petrópolis, RJ
Tel.: (24) 2233-9000 – E-mail: vendas@vozes.com.br